明 日 创 作 家

优秀作品集

幼小组

学而思素养部　主编

全国征文活动
优秀作品集

人民文学出版社 天天出版社

序言

张菱儿

儿童文学作家、诗人。中国作家协会会员，中国寓言文学研究会副秘书长。

出版少儿成长小说、童话《爸爸的口琴》《奶奶的蛋糕》《乌头花开》《哭鼻子仙儿》《四蛇童子》等一百余部。

孩子眼中的大世界

孩子眼中的世界是什么样子呢？

打开面前这本书，你就会知道答案。

孩子眼中的世界是幸福的，无论是做手工《制作陶碗》《剪窗花》，还是旅游去欣赏《花海》《童足踏金陵》《游赤水大瀑布》，既趣味横生，又增长智慧，开阔眼界，无不体现出当代生活的幸福和美好。

孩子眼中的世界是有爱的，有爱他们的家人和伙伴，也有他们自己喜爱的玩具和宠物，在与玩具和小动物的相互陪伴中，慢慢成长，学会宽容和理解，学会关爱他人。

孩子眼中的世界是美妙的，他们能够创作出《彩虹色的花》《天使般的竹》《一百种鱼》，于是睁大好奇的黑眼睛，想探听《含羞草的秘密》，想知道一个遥控器有多么神奇，还想……于是，他们的小脑瓜里会有千奇百怪的想法，会有十万个甚至二三十万个问题，也会有五彩斑斓的希望和梦想，于是，也就会有努力奔跑的信心和力量。

孩子眼中的世界更是多姿多彩的。他们不仅用一篇篇纯真稚嫩的美文来描述，还挥动手中的画笔、毛笔，把他们看到的、想到的，变成一幅画、一帧书法，展现在读者面前。

这里的每一篇文章都犹如田野里盛开的花朵，有的娇艳，有的朴实，但一样地清新、自然，吐露着自己的芳香，展示着自己的美丽，它是孩子们用心灵培育出来的百花园，倾注了孩子们的情感和智慧。我阅读着，陶醉在孩子们晨光般的明媚和春天般的温暖中……

总 策 划：王 薇　陶晓丽

执行策划：臧金鹏　申 晴

主　　编：学而思素养部

执行主编：潘可欣　黄晓贤　周俊鹏

编　　委：米丽君　薛理文　张雪豪　孙志强　孟凡玉

　　　　　李新宇　潘心雨

评审老师：宋 薇　李 昂　杨 洋　辛晓彤　姜方媛

　　　　　张雪薇　刘晓婷

编委会

美术设计：

徐习习　王小茹　胡冰倩

制片统筹：

徐习习　王妍钰　王 颖

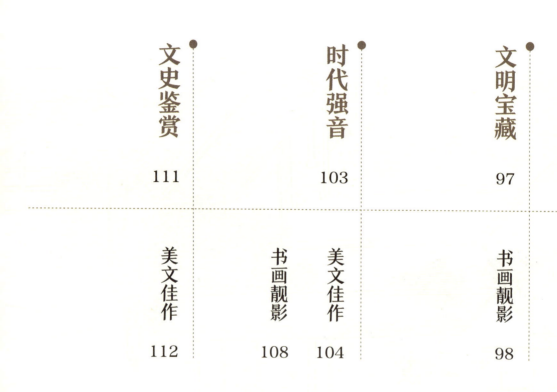

Contents

目录

社会人生

感悟生命的成长与社会的变迁，
感知个体与群体之间的关系。

美文佳作

①

Excellent Articles

一百种鱼

南京分校　　肖致远　　指导老师：方倩

爸爸说国庆节放假去奶奶家，
可以见到成成哥哥。

我坐了很久的车，终于到奶奶家了。
可是，成成哥哥还没到。
你猜为什么，
他赖床了？
他堵车了？
不，他在路边池塘看鱼，忘了时间。

到了奶奶家，
成成哥哥一丢下碗筷，
就兴冲冲地去田里玩耍。

他回来时满身污泥，全身湿漉漉的，
立刻被姑姑揪去洗澡了。
你猜为什么，
他和人打架了？
他去干农活了？
不，他下沟捞鱼摔了个四脚朝天。

第二天早上，
成成哥哥低着头不说话，
一个包子吃了半天。
姑姑悄悄跟他说了句话，
突然，他两眼放光。
你猜为什么，
他可以不吃早饭？
他可以不写作业？

不，姑姑说："你好好吃饭
还带你去捞鱼！"

一天，两天，三天……
奶奶院子里的鱼越来越多，
有细长条的，
有扁肚子的，
有爱组队的，
你猜到底是哪些鱼，
问我爸爸？
上网搜搜？
不，问成成哥哥！
他会眨巴着鱼一样的大眼睛，
骄傲地跟你说：
"斗鱼、石纹鱼、泥鳅、白条、
虾虎鱼、鲫鱼、鲤鱼……
我要捞满一百种鱼！"

灰蒙蒙

成都分校　李泓毅　指导老师：叶凡

灰蒙蒙是颜色，

是心情，

是困扰。

灰蒙蒙，

是堪萨斯大草原的颜色；

灰蒙蒙，

是多萝西掉落奥兹国想念叔叔和婶婶的心情；

灰蒙蒙，

是书上插画我什么也看不清的困扰。

插画看不清，

我努力学习汉字和拼音，

终于看到了：

稻草人如何拥有了头脑，

狮子如何获得了勇气，

铁皮人如何得到了真心。

原来，

灰蒙蒙是激励我学习的决心。

架子鼓和我

无锡分校　　许文扬　　指导老师：李佳明

听，这首曲子是什么风格？
　十六分音符和三连音，
　　是属于爵士的热情。

周末午后，
我在架子鼓前，握住鼓棒，坐正身体。
我对妈妈说："开音乐。"妈妈说："好。"
　音乐响起，集中注意力。

手臂挥动，脚掌踩踏，
　全神贯注。
我和我的鼓一起，
　演奏动感旋律。

我面前的五个鼓面和两个镲片，
　各不相同。
底鼓咚咚，好像夏天的雷声，
踩镲叮叮，敲一下就晃不停。

音乐结束，
妈妈说："真棒。"
我说："弹得不够好，我要再努力。"
妈妈不知道，我的鼓知道。

眼睛看乐谱，耳朵听节奏，
手腕要放松，身体轻摆动。

我和我的鼓，
　是相互了解的老朋友。

我的心爱之物

济南　杨程淇元　指导老师：李永磊

如果你问我最喜欢的动物是什么，我会毫不犹豫地回答："凤梨。"咦，是水果吗？不是的，她是一只小鹦鹉，疫情时，妈妈送给我解闷儿的礼物。

凤梨体形小巧玲珑，有一身绚丽多彩的羽毛，像一团怒放的凤尾花；黑宝石一样的眼睛晶莹剔透，仿佛能看穿我的心；嘴巴弯弯像钩子，十分锋利；她的尾巴非常漂亮，好似一把五彩的扇子。凤梨不仅长得有趣，而且还很好玩儿。有一次，我不小心把她的食物打翻了，只见她一双怒目瞪得滚圆，箭似的飞奔过来，同时发出刺耳的尖叫声；用锋利的爪子抓起散落的食物，似乎在表达内心的不满，可爱极了。

在唐代，鹦鹉被视为能够预示天下太平的祥瑞之鸟，是皇帝和贵族的吉祥物。诗仙李白曾借鹦鹉表达内心的愁怨。"鹦鹉西飞陇山去，芳洲之树何青青"，是李白发自内心的呐喊。

凤梨虽然不会说话，但她却能感受到我的喜怒哀乐。每天放学后，我都会和她分享喜悦或者烦恼，她也会用独特的叫声回应我。

这就是我的心爱之物——凤梨，我非常喜欢她，你喜欢她吗？

我有一个神奇的遥控器

南京分校　田梓宸

我有一个神奇的遥控器，

展现出各种各样的我，

有时乖巧，

有时淘气，

有时机灵，

有时帅气。

这个遥控器也可以改变妈妈，

我淘气时她就生气，

我乖巧时她就有笑意，

我们即使不同频，

但是也充满了爱意。

外卖员叔叔

成都分校　月果　指导老师：李美琳

喂，外卖员叔叔，你从哪儿来，到哪儿去，为啥日夜不停地跑着，还总爱唱那支"外卖"歌？

城市的道路，弯曲得像盘绕的绳子，蜿蜒得像爬行的蛇，可你不在意这些，一心想着客户的订单，不停地向前奔跑。

你跑进大楼给业主送去热气腾腾的饭菜，让饥肠辘辘的懒人在家也能美餐一顿。

你跑进医院给病人送去生活用品，让病人安心养病。

你所想、所做的，还不止这些。你要奔向城市的各个角落，去参与城市的发展，让自己的每一滴汗水都汇成一份动力。让每一份动力，都成为推动巨轮行驶的力量。

于是，你不管前面有多少坎，只是一路向前，向前，再向前。

于是，你不管前面有多少弯，那支"外卖"歌唱得更脆，更响，更亮！

啊，从农村里跑来的外卖员叔叔，我要大声赞美你！赞美你不屈不挠、勇往直前的性格，赞美你让"外卖"歌唱得如此铿锵！

放风筝

广州分校　胡钰涵　指导老师：孟凡玉

盼望着，盼望着，春天来了，小草偷偷地探出头来，那是春天的眼睛吧！五颜六色的蝴蝶有的辛勤为花授粉，有的纵情玩耍，有的翩翩飞舞……燕子从南方飞回来了，它似乎也看到了这里的草长莺飞，在天空中盘旋，流连忘返，像春天的邮递员，告诉大家：春天来了！

大地沐浴着柔和的阳光，天空蓝得清澈，小朋友们相约一起来到公园。抬头望去，蔚蓝的天空中飘着形状各异的风筝。两个正在放风筝的小朋友迎面跑来。小女孩左手握着线轴，右手拉着线，一边向前跑，一边羡慕地说："我真想飞到天上，自由翱翔啊！""我也是，带着我们的梦想一起飞吧！"小男孩在后面边追边仰着头说。

清爽的风、柔嫩的草、娇艳的花，一切都那么活泼，那么欢乐。

"一年之计在于春，一日之计在于晨。"在这万物复苏的美好时光里，愿我们的梦想插上翅膀，像风筝一样，越飞越高，越飞越远。

如果月亮知道

广州分校　　陈楚航　　指导老师：周梓婧

中秋节，是一个合家团圆的节日。

月亮，您知道吗？我可喜欢您了。因为每次我有小心愿的时候，都会对您说。您说："月有阴晴圆缺。"您总是鼓励我，要不畏困难，勇往直前，再次抬头看您，您就给我一个暖暖的微笑。

月亮，您知道吗？我可羡慕您了。因为人们都很尊敬您，每到中秋节，都仰望您，一家人共同欢聚，邀您听听他们的故事。您说："但愿人长久，千里共婵娟。"

月亮，您知道吗？我可敬佩您了。从古至今，有多少诗人挥笔描绘您，写尽您的美。您说："海上生明月，天涯共此时。"皎洁的月光把柔和的轻纱静静地披在这一片片卷曲着的落叶上，原来，秋来了。

月很圆，心很甜。好时节，愿得年年，常见中秋月。

我最喜欢的玩具

济南分校　蒋凯名　指导老师：李永磊

在我的床头柜上摆着一只毛绒材质的小熊，它可以放进口袋里，这是妈妈的朋友送给她的，它还有一个好听的名字——凯撒。

小熊全身棕色，穿着一件蓝色的背心，伸着双手，好像要来抱抱我，衣服上写着"凯撒旅游"。可爱极了！

我可以脱下它的衣服，衣服下是软软的皮毛，摸上去软绵绵的，贴贴脸舒服极了！

当我害怕时，它会紧紧地抱着我，恐惧感一下就烟消云散了。这就是我爱不释手的凯撒，我很喜欢它！你也喜欢它吗？

游石头城

南京分校　　卢奕辰　　指导老师：董小涵

国庆节期间，我和爸爸妈妈一起到石头城游玩。

我坐在水池边的台阶上，看着对面的城墙，"鬼脸照镜"的景象映入眼帘。

我问爸爸："你知道为什么会出现'鬼脸照镜'吗？"爸爸想了一下，没有回答我，反而问我："那你知道吗？"

爸爸果然不知道。他平时不知道的时候，总是这样反问我。

于是，我郑重其事地告诉爸爸："现在进入知识小课堂，让小卢老师来教你吧，以后你要称我为卢子先生。"

"为什么是卢子先生呢？"爸爸疑惑地问我。

"因为古代称呼厉害的人都会在他的名字后面加一个'子'字，像老子和孔子。而现代尊称一个人，会喊他先生。"我得意地说。

爸爸笑道："原来如此啊！那卢子小先生，你赶紧给我讲讲为什么会出现'鬼脸照镜'吧！"

我清了清嗓子，认真地讲解道："'鬼脸照镜'有好多种传说。我就给你说说其中一种吧。古代两军交战时会使用投石器，有的城墙被投石器打中了，就会破损，经过长期的风吹日晒，就会和周围的城墙变得不一样了，慢慢地就出现了这种奇奇怪怪的形状，就像鬼脸一样。"

　　这时候，妈妈凑过来说："哇，小先生讲得真好，还有其他说法，你也给我们讲讲呗！"

　　"好呀，还有……"我想了半天都没想出来，只能尴尬地挠了挠头，不好意思地吐了吐舌头说，"我忘了。"

　　妈妈拍了拍我的肩膀，安慰我说："卢子小先生，你已经很棒啦。没关系，有不知道的问题，我们可以向无所不能的老先生——书本请教啊。"

　　"好的，妈妈，历史故事太有意思了，我要看好多好多书。"

　　爸爸拉着我的手说："听了小先生的课，我也学到了很多知识呢！卢子小先生棒棒哒！现在就让我们继续探秘石头城吧，既要读万卷书，也要行万里路哦。"

　　"好耶！"我高兴地跳起来。

　　我和爸爸妈妈三个人，大手拉小手，徜徉在石头城中，沿着历史的痕迹，寻找更多有趣的秘密。

我的心爱之物

济南分校　邹雨晴　指导老师：李永磊

我 的心爱之物，它不昂贵，也不稀有，但是在我心里，却是独一无二的，因为它是我七岁生日时，妈妈送我的生日礼物。

它是一只带有蜜蜂触角和绵羊脸蛋的公仔，所以它的名字叫"羊蜜"。它的触角是棕色的，是由两根铁丝和两个大绒球做成的，可以根据我的心情弯曲成不同的角度。当我开心的时候，我会把它们立得直直的，表达着我雀跃的心情；当我难过的时候，我就把它们掰弯，耷拉着的触角仿佛在诉说着我心中的委屈。

"羊蜜"有一张又圆又大的脸盘子，外面包裹着又厚又软的白色绒毛。它的眼睛小小的，但是又黑又亮，粉嘟嘟的小鼻头和脸蛋让它看上去可爱极了。大脸盘子的下面是黄棕相间的条纹，再加上背后的一对小翅膀，让它更像一只吃肥了的蜜蜂。

因为"羊蜜"又软又胖，所以我把它带到了学校，当作我的午睡枕，让它每天中午陪着我，抱着它美美地睡上一觉，一下午都精神百倍。

这就是我的心爱之物。我难过时，会和它诉说委屈；开心时，会和它分享快乐。它在我心中是无可替代的好伙伴。

我家是一座小小"动物园"，我的妈妈是一只优雅的"猫咪"，我的爸爸是一只严厉的"大老虎"，我的妹妹是一只活泼的"小猴子"，而我就是一只晚上熬夜的"猫头鹰"。

小小"动物园"

济南分校　　王诗雅

我的妈妈是一只"猫咪"，她特别爱美，每次出门都要在镜子前打扮一番：打粉底、抹腮红、描眉……再换上漂亮的衣服，迈着优雅的猫步走了出去。有一次爸爸从外面带回来一些螃蟹，我妈妈一口气吃了六只。她真是一只爱吃海鲜的"猫咪"呀！

我的爸爸是一只"大老虎"，他的眼睛大大的，总是散发出威严的光芒。他的头发是竖起来的，像一只汗毛爹起的老虎。有一次，我写作业的时候玩了起来，他就用锐利的目光盯着我，发出阵阵怒吼，仿佛整栋楼都能听见。

我的妹妹是一只可爱的"小猴子"，别看她长得可爱，但她可淘气了。有一次，我和妹妹玩游戏，她好像有柔身术似的，一会儿爬到沙发上，一会钻到桌子下面，一会儿钻到椅子下面，一会儿钻到床下面，真是太调皮了。

我是一只"猫头鹰"，我白天迷迷糊糊的，晚上很精神，有时我晚上睡不着就躺在床上翻来覆去，妹妹说："老姐你别翻了行吗？我都睡不着了！"我们家是一座幸福的小小"动物园"，我很爱我的爸爸妈妈和妹妹，他们也很爱我！

我最喜欢的玩具

济南分校　　赵治翔　　指导老师：李永磊

在我的床头柜上摆着一个木质的胡桃夹子八音盒，它大约有半臂长。这是我暑假去哈尔滨旅游时买的俄罗斯特产，它还有一个可爱的名字——黑帽子士兵。

黑帽子士兵太好玩了，令我爱不释手。它戴着一顶黑色毛绒帽，穿着一件蓝色军装和一副红色铠甲，脚下踩着一双黑皮靴。它是一位长着白头发、长胡子，手持一把宝剑的老士兵。黑帽子士兵稳稳地站在一个红蓝相间的圆形八音盒底座上，眼神凝视着远方，威风极了！

黑帽子士兵威风凛凛，它身后的三根发条分别控制着嘴巴和双臂。我一上弦，它的嘴巴就一张一合，双臂上下摆动，八音盒发出叮当叮当的声音，那样子仿佛是一个在战场上浴血奋战的大英雄。

当我开心时，黑帽子士兵会勉励我，仿佛在说："这次考试考了满分，你很棒，下次要继续加油哦。"

　　当我难过时，黑帽子士兵会安慰我，仿佛在说："男儿有泪不轻弹，要振作起来。"

　　当我害怕时，黑帽子士兵会鼓励我，仿佛在说："妈妈走了，自己睡觉不用害怕，我给你唱首歌吧。"

　　这就是我最喜欢的黑帽子士兵，我好喜欢这个俄罗斯玩具。俄罗斯的小朋友们，你们想来玩一玩我们中国小朋友的玩具吗？

生日的画

广州分校　陈秋霖　指导老师：蒋萍

"岁月走过，波澜不惊。"前方，是你从未看过的风景。

今天是 2023 年 9 月 27 日，我八岁的生日。妈妈送给我一本书，爸爸送给我一架玩具飞机，而此刻的我却一点儿也高兴不起来。我在想，之前我和我的好朋友林子超吵了架，他再也不会理我了，也不会来参加我的生日会了。"不来就不来吧，我自己过生日也一样开心！"我心里这样告诉自己。

正想到这里，门铃响了起来，"一定是林子超来了！"我欣喜地冲到门口。打开门一看，原来是送快递的叔叔，我很失望。这时快递员叔叔说道："小朋友好，这是陈秋霖的快递。""谢谢叔叔！"我接过快递，边走边想："啊？不可能吧，我长这么大还从来没有收到过快递。确定是我的吗？"

这时，爸爸走过来，和我一起拆开了快递。原来是一幅画。爸爸对我说："陈秋霖，这的确是你的画。"爸爸让我坐下，给我讲了一个故事：其实，我们每个人来到这个世界上，都会有一张白纸，而天上的画家能看见我们做的事情。他会帮我们画下来，然后在我们生日那天寄给我们。

　　我指着画说道："爸爸，这天空怎么是灰色的？好像要下雨了。"爸爸说："灰色代表愤怒的情绪，你最近是不是总爱乱发脾气？"我说："是啊，难道这也被天上的画家看见了？"爸爸说："是的，我不是跟你说过，你做的任何一件事情都会被画下来吗？""那我可别发脾气了，快点儿改正错误，做个好孩子，让画变得更漂亮！"

　　爸爸听了我说的话，拍了拍我说："我也让你看看我的画吧！"他拿出了自己40岁生日那天收到的画。我仔细看了看，这是一幅超级美丽的风景画！天蓝蓝的，水绿绿的，山上满满的都是绿绿的树！原来爸爸的40岁过得这么开心呀！

　　"丁零零……"这时，门铃又响了，哈，这次是我的好朋友林子超！他来了！

和妈妈一起烤五花肉

北京分校　王梓桐　指导老师：孙晓雨

有人喜欢画画，有人喜欢踢足球，而我却喜欢和妈妈一起做美食。周末，我们准备好了五花肉和各种调料，一起制作一份香喷喷的烤五花肉。首先，我和妈妈在网上搜索了烤五花肉的做法。然后，我们根据家里人的喜好改了改这个食谱。接着，就是准备调料了。要准备的调料有葱姜蒜、酱油、蚝油、料酒和蜂蜜等，妈妈说所有的调料都要按食谱倒进去，不能多也不能少，所以我小心翼翼地把这些调料倒进妈妈准备的大盆里。妈妈戴上手套，把准备好的五花肉和调料翻拌均匀。最后，我们把一片片铺在烤盘里的五花肉送进了烤箱。

闹铃叮叮一响，我以迅雷不及掩耳的速度冲进厨房。哇哦！好香呀！一进厨房，肉香扑鼻，馋得我直流口水。妈妈紧跟着跑进来，怕我烫着。妈妈把烤箱打开，五花肉冒着热气，滋滋冒油，闻起来喷香喷香的。我们的烤五花肉就做好了。

这天晚上我大吃了一顿，开心极了！以后我还要尝试做更多好吃的美食！

我最心爱的动物

南京分校　刁润惜

我 最心爱的动物是小狗。小狗对我来说不仅是一只宠物，更是我的朋友和家庭的一分子。我有一只名叫 Lucky 的小狗，它是一只可爱的泰迪。

Lucky 是一只非常聪明和热情的小狗。每天早晨，当我醒来时，它总会站在我的床边，用它那明亮的眼睛看着我。它似乎在告诉我，"早上好，主人，今天是新的一天，让我们一起度过快乐的时光吧！"我会亲昵地抚摩它的脑袋，感受它柔软而温暖的毛发。

Lucky 非常喜欢玩耍。每当我抛出一个球，它总会迅速地追逐并抓住它。有时候，当我感到郁闷或失落时，Lucky 会过来陪伴我，它用无尽的快乐和爱给了我力量和勇气。我们一起奔跑、嬉戏，忘记了烦恼和忧愁。

Lucky 也是一只非常聪明的狗。我曾经教它一些简单的指令，比如"坐下""握手"和"趴下"。Lucky 总是对我的要求非常敏感，并且很快地就学会了这些指令。我感到非常自豪，因为我知道这是我和 Lucky 之间默契和信任的体现。

除了聪明和热情外，Lucky 还是一只非常忠诚的狗。每当我去上学，它总是站在门口目送我离开。当我放学回来时，它会迎接我，并且摇着尾巴表达它的欢迎之情。无论我在家里做什么，它总是陪伴在我身边，守护着我。当我感到孤独或难过时，Lucky 会靠在我身边，用它温暖的身体给我安慰，让我安心。

小狗是多么美好的动物啊！它们给我们带来了无尽的快乐和陪伴。我希望每个人都能体会到与小狗之间的友谊和爱，因为它们是人类最忠诚的伙伴。

我最心爱的动物，就是我可爱的小狗 Lucky！

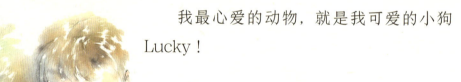

国庆杭州游

上海分校　　罗依桐　　指导老师：李端

国庆假期，我们全家从上海来到杭州。一进杭州市，我就闻到了桂花香。这次见到的杭州跟以前比起来很不一样，马路更宽阔了，人们更热情了，城市也更漂亮了。我想是亚运会让这座城市变得更美好了！

到杭州后，我们先去了亚运村，然后去了西湖，接着去看了城市灯光秀，最后去看了我最想看的钱塘江大潮。

正值杭州亚运会，所以我们先去了亚运村。在亚运村里，我看到了很多运动员，看到了亚运吉祥物，还看到了莲花形状的奥体中心。

西湖是杭州最著名的景点，我们第二个去了西湖。我在西湖游览了三潭印月、花港观鱼、雷峰塔、断桥等景点，我还在西湖里划了船。

夜晚降临了，钱塘江两岸的灯逐渐亮了起来。我们来到了城市阳台，等待灯光秀的开始。哇！人群欢呼了起来，一座座建筑上的灯亮了起来，五彩缤纷，漂亮极了！

我最想看的就是钱塘江大潮，"八月十八潮，壮观天下无"，第二天正好是农历八月十八，是最好的观潮日。我来到了江岸，潮水在远处的时候像一条白线，慢慢地推了过来，越来越近，像千军万马一样！站在远处我觉得浪不大，在近处的时候我觉得浪好大啊！

除了这些，杭州还有很多好玩的地方，比如西溪、良渚、九溪等。期待下次假期，再来美丽的杭州！

我最喜爱的玩具

济南分校　　王紫乔　　指导老师：李永磊

每天推开房门，第一眼看见的就是摆在我书桌上的招财猫。没错，这就是我的心爱之物。

它是我第一次去融创的时候，妈妈给我买的。我给它起了一个有趣的名字——解压猫。

它穿着一件粉红色的外套，摆动的手上还拿着一条红黄相间的鱼。它的手臂不停地摆动着，好像在和我打招呼。

解压猫真是我形影不离的好朋友！

每当我回家不想写作业的时候，它摆动着手臂，好像在对我说："快写作业吧，要不明天就挨批评啦！"每当我郁郁寡欢的时候，它摆动着手臂，仿佛在说："主人不要难过了，我把我手里的鱼给你吃。"每当我开心的时候，我就会摆动它的手臂，它就会和我一起欢快地跳舞。

这就是我爱不释手的解压猫，我好喜欢它！你也喜欢它吗？

我最喜欢的玩具

济南分校　李晟豪　指导老师：孙如月

我的玩具有很多很多：飞机、大炮、手枪、汽车、机甲……其中我最喜欢的是孙悟空。它是爸爸送给我的生日礼物，我很喜欢它，还给它起了一个有趣的名字——帅老大。

它大约有一臂长，是我自己用乐高积木一块一块拼装而成的。它头戴金色的金箍圈，身披红色战袍，手持金箍棒，威风凛凛地站在那儿，好像一位打了胜仗的大将军。

帅老大不仅长得帅气，还好玩！只要扭动它的关节，它就能变换动作。这时它就像是真的孙悟空在打妖怪，神气极了！

帅老大就像我的朋友一样，天天陪着我。当我开心时，它看着我，仿佛在对我说："我们快乐大战吧！"当我害怕时，它仿佛对我说："别害怕，我来帮你打妖怪！"

这就是我爱不释手的玩具——帅老大，我好喜欢它！你也喜欢它吗？

含羞草的秘密

南京分校　管沐泽

奇怪，奇怪，真奇怪！妈妈在阳台上养了一株很不起眼的小草，妈妈告诉我它的名字叫含羞草。

它就是含羞草？我听过它的名字，但以前也没见过呀！我好奇地用手轻轻碰了它一下，它的叶子真的合拢了，像一个害羞的小姑娘！

可是含羞草的叶子为什么会合拢呢？我带着疑问，迫不及待地去书房翻出《博物大百科》，从书中我很快就找到了和含羞草有关的信息。

原来，含羞草的故乡在巴西，那里经常有暴风雨，每当有雨滴打到它的叶片上时，叶片会立即合拢躲避大风大雨对它的伤害，渐渐地，它就练成了这样的本领。我这才恍然大悟，原来含羞草不是真的"害羞"啊！

有人说过："探索是人们生活中最重要、最美好和最需要的东西。"大自然有无穷无尽的奥秘，有无数的问号，等待着我们去探索发现。

我最喜欢的玩具

济南分校　唐梓杰　指导老师：李永磊

在我的床头柜上摆着一个怪兽毛绒玩具，这是我过生日的时候姐姐送给我的，它还有一个好听的名字——小角兽。

小角兽大约有一臂长，全身雪白雪白的，古灵精怪的头上长着两个粉角，格外醒目，好像一个小娃娃挥动着小手臂。它有一双黑黝黝的大眼睛，仿佛会说话。

当我取得好成绩的时候，回到家第一件事就是抱着小角兽转圈圈，一圈两圈……直到我转晕在床上哈哈大笑。当我不开心的时候，我会依偎着小角兽寻求安慰，它柔软的身体让我少了一分压力，它仿佛在对我说："小主人有什么不开心的事情，对我说说吧！"

这就是我爱不释手的小角兽，我能与它分享快乐与悲伤，我爱我的小角兽。

我的心爱之物

济南分校　　李玲美　　指导老师：孙如月

我家沙发上摆着一只毛茸茸的小猪，它大约有一臂长。这是我过生日妈妈送给我的，它还有一个好听的名字——小伴。

它的全身是粉色的。它的嘴角上扬，好像在对我微笑。脸上有一颗小草莓，鼻子长长的，身上点缀着一颗颗小爱心。

只要我放学回来，我就会抱着它，给它讲学校里发生的有趣的事，它会耐心倾听，像听懂了一样，和我一起开心地笑。

当我不开心的时候，小伴看着我，仿佛在对我说："别难过了。"

这就是我爱不释手的小猪，我好喜欢它！你也喜欢它吗？

我的心爱之物

济南分校　　部梓桐　　指导老师：李永磊

在我的床边上摆着一只毛绒材质的小猫，它大约十厘米长。这是妈妈送给我的生日礼物，我给它起了个好听的名字——可可。

我很喜欢可可！它全身雪白雪白的，两只眼睛像蓝宝石一样闪闪发光。它一直紧盯着我，好像在抱怨我没有陪它玩。雪白的衣服上披着一条黑白相间的围巾，看上去就像一位美丽的公主。

可可不仅长得很可爱，而且还好玩。只要打开它身体底下的按钮，它就边走边叫着"喵喵"。这时，它好像是个可爱的模特，在舞台上走着完美的步伐。

当我开心的时候，可可会含情脉脉地看着我，仿佛在对我说："每天都要开心快乐哦。"

这就是我爱不释手的小猫，我很喜欢它！你也喜欢它吗？

我的心爱之物

济南分校　　赵诗雯　　指导老师：孙如月

我家有一个毛绒玩具仙人掌，它的大小正好能装进口袋。这是小侄女送给我的，它有一个可爱的名字叫可可。

它全身是绿色的，身上有很多斑点。它的双手举起，好像在和我打招呼。

只要按动开关，它就会舞动起来，可以当防身武器用呢！遇到坏人，我一按遥控器，它就会挺身而出保护我。当我做不出数学题时，它好像在对我说："小主人，别伤心呀，你应该克服困难呀。"我的心情马上好起来，认真思考了一下，就会做了。我高兴地对它说："谢谢你鼓励我。"

仙人掌是我的心爱之物，因为它能给我安慰，给我勇气，给我陪伴！

可爱的动物

南京分校　屠逸鸣　指导老师：陶莉

"穿件硬壳袍，缩头又缩脑。水面四脚划，岸上慢慢跑。"你知道我说的是什么动物吗？没错，这就是我最喜欢的小乌龟。我家就有两只小乌龟，它们是爷爷在花鸟市场买来的，我还给它们起了名字，一个叫蹦蹦，一个叫跳跳。

蹦蹦和跳跳都很可爱。它们的眼睛像芝麻一样小，嘴向上咧着，感觉像对着我笑。它们都有硬硬的外壳，就像穿着一身铠甲，每次它们在水底散步时，就像两位大将军在巡视领土，可威风了。

蹦蹦和跳跳特别喜欢和我玩游戏。只要我一靠近玻璃缸，它们就迅速地爬过来与我打招呼，好像在说："你好啊，小主人。"如果我用手指轻轻地按一下它们的壳，它们就会立刻把头和四肢缩进厚厚的壳里，像在和我玩捉迷藏，特别有趣。

这就是我最喜欢的小乌龟，你们也喜欢它吗？

我最喜欢的玩具

上海分校　虞天宸　指导老师：周奕轩

在我的书桌旁放着一副国际象棋。那是我过生日的时候，爸爸送给我的生日礼物。我还给它起了一个奇特的名字——桌面战场。

它有一个大大的棋盘，上面有 64 个方方正正的格子，有 32 个摸起来又坚硬又光滑的精致棋子。每个棋子都是一座小巧玲珑的雕塑。"车"像一座高高的城堡，"将"像一位身披盔甲的武士。我最喜欢那两匹黑色的马，它们就像真马的半身雕像，立在棋盘上，威风凛凛的……

国际象棋的每个棋子都有自己独特的走法。当双方排列好各自棋子的时候，棋盘上有城堡和方阵，有武士和将军，就像古代的战场，看起来十分威武壮观。

我有许许多多的玩具，可如果你问我最喜欢的玩具是什么，那就是桌面战场。因为它不仅可以娱乐，还可以锻炼我们的思维能力。

我最喜爱的手工

上海分校　　盛轶杨　　指导老师：李端

亲爱的朋友，你捏过橡皮泥吗？橡皮泥的世界里藏着无穷的趣味，你一定要亲身体验一下。

今天，我在家里捏像皮泥。我早就准备好了一大盒橡皮泥，我灵机一动，决定捏一只大熊猫。

首先用白色橡皮泥揉出大熊猫圆圆的脸和胖身体，然后用黑色橡皮泥捏出大熊猫又圆又大的耳朵和眼圈，还有粗壮的四肢和锋利的爪子，接着把耳朵和眼睛粘在胖胖的脸上，再把四肢粘到熊猫的身体两侧，最后把头和身体都粘起来，就大功告成了！

我很满意我做的大熊猫。你们也试着做一做吧，真的很有趣！

我最喜欢的玩具

济南分校　薛涵菲　指导老师：李永磊

在我的床上摆着一只毛绒材质的恐龙，它大约有半臂长。这是我的好朋友送我的生日礼物，它还有个可爱的名字——尤尤。

它全身是黄色的。它的双手向上举着，好像舞蹈家，圆圆的肚子上露出了雪白的肚皮。

尤尤不仅长得有趣，还很可爱！它每晚都陪我睡觉，它好像有一股神奇的魔力，我搂着它很快就可以睡着。当我失眠的时候，我就给它讲故事，它点着头，看着我，好像能听懂一样。当我难过时，尤尤会逗我开心，仿佛在对我说："不要难过哦，我会一直陪伴着你。"

这就是我爱不释手的玩具，我好喜欢它，你也喜欢它吗？

制作陶碗

上海分校　　陈睿涵　　指导老师：章全萍

上个周日晚上，我和姜炯一起去陶艺店制作陶器。

我们到了陶艺店，店员姐姐问我们要制作什么，我想了一会儿，决定做一个陶碗，姜炯决定做一个陶杯。

店员姐姐先带我们制作陶坯。她拿出一大块陶泥，放在转盘上拍打几下，打开转盘，让我用两只手夹住陶泥往上拉，接着用一只手往下按陶泥。重复这些动作几次后，陶泥渐渐变光滑了。店员姐姐又让我用两个大拇指在陶泥顶部戳个洞，再把三根手指放进洞里慢慢往外拉，洞就变得越来越大，最后变成了碗芯。陶坯终于做好了。

在等待陶坯吹干的过程中，我们开始制作小配饰，我用陶泥做了四个小爱心。陶坯干了以后，店员姐姐帮我把四个小爱心粘在陶坯周围。然后，我们开始上色，我选择了粉色、蓝色、黄色、绿色、紫色和橙色的颜料，把它们挤在盘子里，用毛笔小心翼翼地涂色。最后，我用橙色颜料在碗芯画了一片吐司面包，看起来非常可爱。

我们把上好色的陶坯交给店员姐姐，她会帮我们涂釉，再烧制成陶碗，让我们一个月后来拿成品。

这是我第一次亲手制作陶器，我很期待以后用自己做的碗吃饭。

剪窗花

上海分校　徐溱妤　指导老师：李端

愉快的时光犹如彩虹般的贝壳，犹如洁白的珍珠，犹如金黄的星星，而我剪窗花的时光就是这彩虹般的贝壳、洁白的珍珠和金黄的星星。

周末，我带同学到我家剪窗花。我早就准备好了彩纸、剪刀和画笔，苦思冥想了好久，最终决定剪一只美丽的蝴蝶。

首先，我拿出一张粉色的彩纸。然后，用黑色的马克笔画出轮廓。接着，打开笔的细头画出细节，再用剪刀剪下来。最后，把纸展开就是一张非常美丽的蝴蝶窗花了！

宋代大诗人陆游曾经说过："纸上得来终觉浅，绝知此事要躬行。"通过这次做手工，我明白了：只有自己动手操作了，才能知道困难在哪里。虽然我剪的窗花不是最好的，但是我也非常满意了！

我家的小蜗牛

南京分校　　孙晟予　　指导老师：于黎秋阳

"说它是头牛，不会拉犁头。说它力气小，却能背屋走。"你知道我说的是什么动物吗？没错，就是蜗牛！它是我围棋比赛五连胜时，妈妈奖励我的奖品。

蜗牛身材小巧，身体又软又白，可爱极了。遇到危险时，它会把身体缩进壳里，把壳当作自己的铠甲。蜗牛的头上有一对触角，上面长着一双眼睛。更让人惊讶的是，它有成千上万颗牙齿，是世界上牙齿最多的动物。因为有坚硬而沉重的壳，所以蜗牛爬得很慢，显得格外悠闲。它休息时会钻到土里，好像很胆小。

蜗牛喜欢吃甜的食物，而且很挑食。有一次，我给它吃水蜜桃和黄瓜，它只舔一口黄瓜，就扭头慢慢爬向水蜜桃，趴在水蜜桃上大口大口地把水蜜桃吃了大半，好像在说："水蜜桃比黄瓜好吃多啦！我最爱吃水蜜桃！"

这就是我家的小蜗牛，你喜欢它吗？

夜空中的星

南京分校　马一凌　指导老师：董小涵

夜空中的星，
就像一双双眼睛，
照耀着大地。

夜空中的星，
就像一只只萤火虫，
在深山中飞舞。

夜空中的星，
就像一盏盏路灯，
点亮了光明。

一闪一闪，
亮晶晶，
你是夜空中
最闪亮的星。

春日美景在心中

南京分校　　钱遥岑　　指导老师：黄煜玺

如果你问我最喜欢哪个季节，我会毫不犹豫地回答："春季！"苏轼曾用"竹外桃花三两枝，春江水暖鸭先知"描绘了这个季节的美景。

我陶醉于春天的美好。

春风轻轻吹来，小河里冰雪融化，碧波荡漾。岸边小草冒出嫩芽。小鸭子在河里一边游泳一边唱："春天来啦，春天来啦！"春天的气息弥漫在天上、地下和小鸭周围。小鸭子悠闲地顺流而下，看到岸边的小草迎风点头，闻到沁人心脾的花香，听到蜜蜂嗡嗡嗡的声音，一切都那么美好。

常言道，"一年之计在于春"，春天适合播种，农民伯伯在田里辛苦地劳动，换取一年的丰收。春天也适合踏青，小朋友们在郊外骑车、捉迷藏、赏花。春天还适合学习，学生们在教室里大声读书。

我爱春天，它的好怎么数也数不清。

有趣的动物

南京分校　钱明晔　指导老师：陶莉

大家好，我的名字叫小黄，是一只活泼可爱的小黄鸡。

我披着一身金黄色的羽毛，羽毛上还有一些黑色的点点，远远看去，就像是一块金黄色的绸缎上点缀着几颗乌黑发亮的小宝石。我的羽毛很厚，它们在我的翅膀上，能帮助我从三米的高空平安飞到地上。每当我飞起来时，小朋友们都会给我鼓掌，让我感到特别骄傲！

我还有两只锋利的爪子，我的脚趾不仅很尖，还能弯曲，所以我在钢丝上可以像夹子一样牢牢地抓住钢丝。我的嘴巴很尖，帮助我顺利吃到石缝里的虫子。每当这时，我的小主人就会对我竖起大拇指。

我的小主人是一个帅气的小男孩，他每天都会喂我一片扇子一样大的蔬菜，所以我很健康。我的小主人喜欢带我出去玩，也喜欢让我给小朋友们表演杂技，你们也想看看吗？那就快来吧！

我最喜爱的玩具

南京分校　姚雨彤　指导老师：董小涵

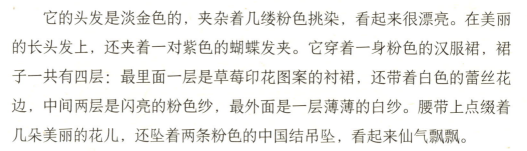

我有一个很漂亮的洋娃娃，它叫樱洛。它是一个穿着汉服的小女孩，身高大约有我的半臂长。

樱洛是我六岁的时候，爸爸送给我的生日礼物。为了防止它落灰，我把它装在透明的包装盒里面，然后高高地放在我的娃娃筒上面。

它的头发是淡金色的，夹杂着几缕粉色挑染，看起来很漂亮。在美丽的长头发上，还夹着一对紫色的蝴蝶发夹。它穿着一身粉色的汉服裙，裙子一共有四层：最里面一层是草莓印花图案的衬裙，还带着白色的蕾丝花边，中间两层是闪亮的粉色纱，最外面是一层薄薄的白纱。腰带上点缀着几朵美丽的花儿，还坠着两条粉色的中国结吊坠，看起来仙气飘飘。

樱洛不仅长得漂亮，还很好玩。由于它的关节是可以活动的，所以可以做出各种动作，比如弯腰、坐下，甚至可以单脚站立。

当我心情不好时，它就是治愈我的"良药"。我一看到它，就觉得它是我的小妹妹，很想跟它分享我的心事，这能让我立马恢复元气。

樱洛是我最喜爱的玩具，好想一直抱着它啊！

有趣的动物——小白兔

南京分校　　果果

"爱吃萝卜和青菜，蹦蹦跳跳真可爱。"你们猜猜这是什么动物呢？对了，就是小白兔！

小白兔毛茸茸的，看起来像个小雪球，摸起来软软的，像毛毯似的。它的两瓣嘴就像花瓣一样，眼睛是红色的，像得了红眼病，耳朵长长的，内侧带一点儿粉色，像一位高傲的小公主。

小白兔是个素食主义者，喜欢吃嫩嫩的青菜。它白天安静，晚上活跃，胆子很小很小，只要一有风吹草动，它就惊慌失措地跑走了。

当我不开心时，看着可爱的它，所有烦恼都烟消云散了。它很温柔，特别讨人喜欢。

小白兔既有趣又优雅，我要好好照顾这位小公主。

我最喜欢的玩具

南京分校　　周若程　　指导老师：董小涵

在我的床上摆着一只毛绒小熊，它大约有一臂长，是我两岁的时候妈妈买给我的。

它浑身都是黑白相间的毛，小小的耳朵，短短的手臂，别提多可爱了！最吸引我的是它的嘴巴向上咧着，看它笑得多甜啊！

小熊不仅长得可爱，还是我最好的朋友。它的毛很柔软，睡觉时我把它抱在怀里，就像妈妈的皮肤贴着我一样，温暖又舒服。我把它枕在头下，软软的，像毛绒枕头一样，我每天晚上都和它一起睡，感觉就像爸爸妈妈在身边陪我入睡，整晚都睡得很踏实！它就像我最好的小伙伴，一直默默陪伴着我。

这就是我爱不释手的玩具小熊！

我最喜欢的玩具

南京分校　张泽远

今天我要介绍的玩具是变形金刚。它有三十三厘米高，用金属做成，是爸爸妈妈送给我的礼物，它的名字叫战神。

你看它表情严肃，头顶有彩色的尖刺，四肢非常有力，身上有黄、红、蓝、黑相互交织的绚丽花纹。非常显眼的就是它手上拿的那把大刀，还有胸前的圆形能量指示灯，外形非常炫酷。

战神很有趣，只要长按开关，等它的眼睛闪三下，再把左腿往里掰一下，它就开始挥舞大刀，好像投入了紧张的战斗，很威武。

战神是我的好朋友。每当我要睡觉时，就把它放在床头，它的眼睛会发出亮光，好像在说："不要怕，有我呢。"看到它，我就可以安心睡觉了。

这就是我爱不释手的变形金刚玩具，我好喜欢它！你也喜欢吗？

我的新伙伴

南京分校　陆苓涵

国庆节回老家，奶奶从邻居家领回一只小猫咪，它有着黄黄的身体、白白的肚皮和爪子，远远看上去就像妈妈做的可乐鸡翅，于是我就给它起了个名字叫"鸡翅"。

"鸡翅"刚到奶奶家的第一天，对陌生的环境很害怕，一直躲在角落"喵喵"地叫，从中午叫到晚上，嗓子都哑了，我给它准备的食物和水，它也只敢等人走开了，才偷偷出来吃一点儿。第二天一早，我起床后没听到"鸡翅"的叫声，吓坏了，赶紧叫上爸爸去找，等我们走到院子里，发现它正蹲在那里"吧嗒吧嗒"地喝着牛奶。它喝牛奶的样子好可爱，小舌头卷起来一舔一舔的。看到我们走过来，它也没有之前那么害怕了。渐渐地，它可以远远地看着我们，不再躲起来了，再后来，它离我们越来越近，到了下午，它开始在我们身边跑来跑去，并时不时来蹭蹭我们的脚。

现在，"鸡翅"已经完全成为我们家庭的一员了。吃饭时，它会在桌子下钻来钻去；闲暇时，它会和我们一起玩毛线球。

我喜欢"鸡翅"，我想它也是喜欢我的！

我的小臭臭

宁波分校　　陆呦呦　　指导老师：谭心

小臭臭是我的宝贝仓鼠，它披着一身光滑柔软的浅黄色绒毛，圆滚滚的身子配着短短的小手小脚，特别可爱。

小臭臭不喜欢明亮的光线，白天几乎一直在睡觉。可是每次经过仓鼠小屋，我总会忍不住停下来，凑近了往窝内张望。它马上就会察觉到我的存在，小心翼翼地探出小鼻尖儿，轻轻地嗅一会儿，似乎在确认有没有危险。安心之后，它才不慌不忙地从窝里爬出来，抱着两只小爪子，瞪着黑亮亮的小眼睛跟我对视。这已经是它给我的最热情的回应啦，还是看在我每天分给它苹果吃的分儿上呢！

别看它白天那么懒，到了晚上，可就活泼起来了。

当我打开书包开始写作业时，它就已经在滚轮上奔跑了。直到我写完作业，还能听到滚轮转动的声音，它真是不知疲倦。这时候无论怎么逗它，它都不会停下来，只会抽空看你一眼，仿佛在说："不好意思呀，我现在可没空陪你玩儿，我得跑步减肥啊！"

可是小臭臭啊，你每天那么努力地跑滚轮，为什么还是一天比一天胖啊！你现在已经像个大肉包子啦！

跳跳糖

成都分校　　靳伊可

五彩缤纷的跳跳糖，
是不是藏着一个爱跳舞的小仙女？
要不为什么我一倒进嘴里，
她就迫不及待地跳起欢快的舞步。
对了！
她一定是开心地生活在糖果的魔法森林里。
现在，
我把她的森林吃掉了，
她却还在我的肚子里，
打着节拍转着圈。

我最喜欢的伙伴

沈阳分校　　刘奕含　　指导老师：欧阳宏建

我身边来来往往的人很多，有的陪我跳绳，有的陪我唱歌，还有的陪我跳舞……可我心中最重要的朋友只有她——西西。

她整个人高高胖胖的，看起来很可爱。她有一头黑色的头发，一双亮晶晶的眼睛下面有一张樱桃小嘴。她平时爱穿一件粉红色的裙子。她的性格很活泼，平时总是开开心心的，就像一只萌萌的小兔子。

上午在学校，就在我画画的时候，西西转过头来对我说："你画得可真漂亮。"听到她的话，我的心里就很温暖。她平时很爱看书，大家都叫她"小书虫"。在教室里，其他人在玩，有的在叠纸飞机，有的在乱跑乱跳，还有的在画画……可她却在看书。

我有许多好朋友，每个人身上都有独一无二的优点，但在我心中，最重要的朋友还是她。

我最喜欢的玩具

成都分校　　谢颜忆　　指导老师：代礼偲

在我的书桌上摆放着一个毛绒玩具，它大约有半臂长。这是爸爸送给我的生日礼物，它的名字叫作蓉宝。

蓉宝是一只可爱的鬼火熊猫。它全身是黑白相间的皮毛，仿佛穿了一件毛衣。脑袋上竖着两个心形的耳朵，耳朵下面有两只圆溜溜的眼睛，仿佛两颗珍珠，旁边还有一团雄雄火焰。红红的嘴巴总是微笑着，仿佛在说："主人，我好喜欢你，我好开心呀！"

蓉宝长得很可爱，是我最好的朋友。当我开心的时候，它会跟我一起跳舞。当我难过的时候，它会安慰我，好像在说："别难过了，这件事情已经过去了。"当我害怕的时候，它会陪着我，仿佛在说："别害怕，我会一直在你身边陪伴你。"

这就是我爱不释手的毛绒玩具——蓉宝。你喜欢它吗？

可爱的动物

南通分校　　徐辰熹　　指导老师：李文涛

耳朵尖尖，尾巴长长，喜欢吃鱼，喜欢爬树。你知道我说的动物是什么吗？哈哈，我喜欢的动物就是小猫，它的名字叫花花。

花花的小脸圆圆的，耳朵尖尖的，眼睛又黑又亮，像两颗宝石。它穿着一身黄白相间的毛衣，脚上像是穿着白色的棉袜，尾巴总是摇啊摇，可爱极了。

花花既活泼又可爱，我跟它玩的时候，它总是一蹦一跳的，特别喜欢跟我捉迷藏。我学习的时候，它总是静静地待在我身边，眯着眼睛打瞌睡。它生气的时候，总是用两只大眼睛瞪着我，像是要跟我吵架。它饿了的时候，又"喵喵"地叫着，一副很可怜的样子，真是好玩儿！

我最喜欢小猫了，你喜欢它吗？

花王投票会

成都分校　王泽睿

春天到了，花儿们从睡梦中苏醒了，她们打扮得漂漂亮亮的，匆匆忙忙地出发了。原来，她们要去开一场花王投票会，选出百花之王。

首先出场的是桃花，她最有精神了，花瓣呈淡淡的粉红色，很多花儿都给她投了票。随后出场的是梨花，她肤色雪白、冰清玉洁，也得到了花儿们的喜爱，得票同样不少。接着，牡丹花上场了，她国色天香、雍容华贵，简直是天生的花王，得票遥遥领先。

投票会结束了。公布投票结果时，完全出乎大家意料，居然是浑身长满刺的玫瑰花得到了"花王"称号，大家目瞪口呆。这时，有花儿小声议论道，正是因为玫瑰浑身有刺，才能保护我们啊！大家才恍然大悟。

玫瑰花上台发言："感谢大家选我当花王，其实，每种花儿都有自己的特点和芳香，大家都是花王。"

我最喜欢的玩具

武汉分校　潘致烨　指导老师：王荔茹

在我家客厅里摆着一把塑料陀螺枪，它大约有两臂长。这是妈妈送给我的，它还有一个很威风的名字——雷影。

它全身是蓝绿色的。它的大圆盘上最多可以装六个陀螺，可以像轮胎一样旋转。大圆盘上画着盾牌的图案，看上去好像在枪上装了一副盾牌。

雷影不仅能装六个陀螺，还很好玩。首先，把一个陀螺放进大圆盘里，然后扣动扳机，这个大圆盘就会转动一下，以此类推，可以把六个陀螺装进圆盘里。陀螺安装完成后，快速拉动位于枪管上的"加速扳机"，可以看见陀螺同样开始快速旋转，并发出了"吱吱"的声音。这个时候，扣动扳机，陀螺就一边旋转一边发射出去了。同时，大圆盘还会转动一下。最后，重复前面的步骤，陀螺就可以全部发射出去了。

我很喜欢这个玩具！

地球仪

成都分校　朱奕桥　指导老师：叶凡

妈妈送给我一个地球仪，

我很开心，也很爱惜。

我第一次看见这个世界，

它抓住了我的心，时刻想念。

东西南北、上下左右，

伸手可得，却十分遥远。

我想走遍每一个角落，

可我却是小小的我。

我最喜欢的玩具

石家庄分校　　马梓旗　　指导老师：卢贝凝

在我家的娃娃堆里摆着一个兔子毛绒玩具，这是妈妈专门给我从网上买的，它还有个可爱的名字叫大白。

它有着雪一样白白的毛，好像穿着一件毛茸茸的白色外套。它的肚子圆滚滚的，让人一看到它，就想抱一抱。它脸上洋溢着开心的笑容，好像在对我笑。

当我开心时，大白看着我，仿佛在对我说："我们一起玩吧。"当我一个人孤单地在家时，大白就像我的妈妈一样，会温柔地陪着我一起睡觉。

这就是我爱不释手的毛绒玩具大白。你也喜欢上它了吗？

猜猜他是谁

上海分校　　张辰源

　　"丁零零"，下课铃响了，他大喊一声："知识小问答时间到！"只见一个高个子男孩从座位上一跃而起，转身向我们这边走来。他很有趣，时常把大家召集在一起玩科学知识小问答。课间，只要听见他这一嗓子，大家就会凑过去围在他身边，提出各种科学问题。你一言我一语的，好开心啊！

　　别看这个男孩眼睛小小的，却总是闪烁着智慧的光芒。每当我们有什么科学方面的问题不明白，总会第一个想问他，而他也总会耐心地解答。所以，他是大家公认的"小博士"，还在校科技节上获得过不少奖项呢！

　　他还是班里的开心果，一天到晚笑眯眯的，像邻家的大哥哥，待人十分亲切。课后，他还经常给我们讲各种笑话，把我们逗得哈哈大笑，而他自己的小眼睛也笑成了弯弯的小月亮。他的嘴巴小小的，嘴唇厚厚的，总是能出口成章。每当班级或者学校有什么演讲、朗诵比赛，他总会积极报名，代表班级出战并屡获佳绩，他是我们班的大功臣。

虽然他获得过许多荣誉，但他一点儿也不骄傲！有一次，我对他说："我们都觉得你特别厉害，要让你做我们的偶像！"他听了却红着脸，连连摆着手说："谢谢你们的喜欢，我懂的知识很有限，书本才是我们的好老师，一起多多阅读吧！"

相信你现在一定猜到他是谁了吧？如果猜到了，那就大声地喊出他的名字吧！

书画靓影

②

Calligraphy and Painting Works

中秋

北京分校　邓清欢　指导老师：马月

非洲大草原上的长颈鹿，
也要过中秋。
小鹿说：
"中秋节要一家人在一起！"
天上的月亮，
它的妈妈在哪儿呢？

宁波分校　陈泓颖　指导老师：胡群

青岛分校　何妙竹　指导老师：姜明月

成都分校　陕正轩　指导老师：席嘉敏

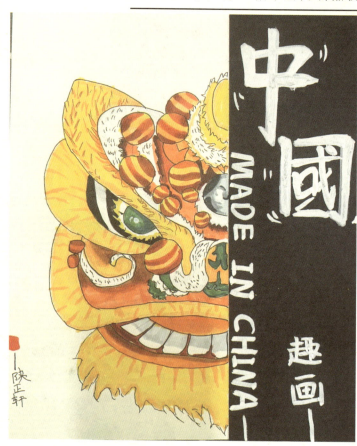

二十四节气

处暑

CHU SHU

开渔节

放河灯

吃鸭子

祭祖

拜土地公

重庆分校　马苗恩　指导老师：吴泓洁

自然博物

感受大自然的规则与生命的运行轨迹，发现自然之美。

美文佳作 ①

Excellent Articles

秋天

上海分校　华祎宸　指导老师：张丁睿

我喜欢秋天，

我要拿多多的黄色加一点点红，

挤进调色盘里，

调出最爱的金黄色。

我要把夏天和冬天装进瓶子里，

然后拿一把勺子，

搅啊搅，

把它们变成最爱的秋天。

彩虹色的花

南京分校　　陈昱汀　　指导老师：方倩

世界上有一朵彩虹色的花，

有着五片不一样的最奇特的花瓣，

最坚硬的花瓣帮助小蚂蚁越过水洼，

最好看的花瓣帮助小蜥蜴穿上华服，

最宽大的花瓣帮助小老鼠带来凉爽，

最舒服的花瓣帮助小怪鸟挑选礼物，

最柔软的花瓣帮助小刺猬获得温暖。

彩虹色的花变得光秃秃的，

消失在了白茫茫的雪地中。

它给的帮助一直温暖着大家，

它消失了吗？

不，

当春风吹过，

它会再次开满山岗，

诉说着新的故事。

桂花

南通分校　程希　指导老师：李文涛

金色的秋风送来了甜蜜的花香。

啊，是小巧玲珑的桂花开了！

远看桂花树，它像一把绿色的大伞，又像一朵绿色的云从大地上升起。

我走到树下抬头看，香气扑鼻的桂花藏在绿叶间，一团团，一簇簇，开得正旺，它们好像天上的小星星，又好似香甜的爆米花，多得数不清。一阵凉凉的风吹过，花枝随风摆动，桂花纷纷落下，仿佛下了一场香香的桂花雨！真是太美了！

我小心翼翼地捡起几朵桂花，仔细观察，桂花有四个花瓣，只有米粒那么大，如同极小极小的风车，真是令人爱不释手。

桂花，你真甜！

九寨风光

福州分校　郑天胤

有的人喜爱淡妆浓抹的西湖，有的人喜爱连绵不绝的长城，而我却独爱江山如画的九寨沟，今天就让我来给大家推荐水景之王——九寨沟吧。

九寨沟位于我国四川省阿坝藏族羌族自治州，是岷山山脉万山丛中一条纵深50多公里的山沟谷地。九寨沟的名字展现了它独特的地理风貌，因为沟内有九个藏族村寨，故名九寨沟。泉、瀑、河、滩……108个海子构成了一个五彩斑斓的瑶池玉盆，星罗棋布，色彩纷呈。

五彩池是九寨沟的掌上明珠，虽然它在众海中最小巧玲珑，但是它的颜色却最为斑斓，仿佛上帝打翻的颜料盘：青绿、孔雀蓝、墨绿……还有一些混合起来的色彩拼成的层次清晰的斑斓倩影，相互错杂却不混沌，相互点缀却不相斥，美不胜收，恰到好处。

形态各异的瀑布也是九寨沟自然风光中的一绝。有的飞流直下，似银河坠落九天；有的一排细流飘洒，似珠帘悬挂；有的白浪翻滚，似千万匹白色战马齐头并进。央视86版《西游记》片尾曲的第一个镜头便是师徒四人走在一道瀑布上，激流在倾斜而凹凸不平的乳黄色钙化滩面上溅起点点水珠，如粒粒珍珠洒落，最后直冲谷底，吼声如雷，气势非凡。珍珠滩瀑布之名由此而来。

无数亮丽风景构成这样一个江山如画的地方，你想不想也来这里大饱眼福呢？

天使般的竹

深圳分校　　刘沐岩　　指导老师：张洁

　　"天使之所以飞得很高，是因为把自己看得很轻。"竹子在我心中是谦虚的、朴素的、顽强的、贞洁的。

　　四川的竹很茂密，青翠欲滴，从土地上直冲起来，展示自己顽强的生命力；最上端又谦虚地低下头，表达自己谦逊的良好品质。

　　四川，一个产竹"大户"，每个院里都可以看见竹，看见她的青枝绿叶。要我说，竹，就是植物中的生命女神！瞧，她从墙上羞涩地初露头角，翠绿的叶片在微风中摇摆。她探出头，天使般可爱；她含情脉脉地注视着行人，天使般灵动；她默默无闻，从没有人仔细观赏她，天使般谦逊。她几乎从不开花（大部分竹子），外表比起梅、兰、菊，是那么朴素。有些竹子，品质如天使般贞洁，她们死亡前才开出一穗一穗的花，虽然美丽，但还是那样谦逊；花朵像细长的钟，向下垂着。

微雨后，淡雅的竹不像丁香那么妩媚，不像海棠那么娇艳，更不像其他无病呻吟的小家碧玉般的花被连叶带花狼狈地打落一地。竹静立如山，依然故我，她的绿意更加生机勃勃，看起来又多了一丝健康强壮。她的绿，直向朴素的白墙渗过来，为她的朴素添了几分自然，她的外表虽然在百花中不出众，品格却比其他花朵更高尚。

竹子，天使般谦逊；竹子，天使般淡雅；竹子，天使般贞洁；竹子，天使般朴素……

或许有人问："竹子高尚纯洁的灵魂从何而来？"

竹，不声不响，只有被她感动得宠辱皆忘的人，才能走进她满载天使般盛开的花的梦中，去触碰高洁的灵魂……

夏天

南京分校　蒋方道　指导老师：于黎秋阳

如果你问我最喜欢哪个季节，我会毫不犹豫地回答："夏天！"在我的心目中，夏天是一个枝繁叶茂的季节。诗人杨万里曾用"接天莲叶无穷碧，映日荷花别样红"来赞美夏天的景色。

我沉醉于夏天的美好，炽热的阳光照在大地上。大树枝繁叶茂，小河在哗哗地流淌着，仿佛在说："太热啦，太热啦！"小青蛙们在"呱呱"地叫着，仿佛在说："今天吃什么好呢？今天吃什么好呢？"说完，就伸长舌头吃了一只苍蝇。

"夏满芒夏暑相连"，夏天是除草的好时候，农民伯伯走到田间，拿起锄头，开始除草、浇水，他们真辛苦啊！夏天也是游泳的好时候，小朋友们可以在池中尽情嬉戏翻滚；也可以在夜晚捉几只萤火虫，欣赏它们的光芒；还可以喝点儿绿豆汤，吃点儿西瓜和冰激凌，感受夏天的清凉。

夏天真美好，我爱夏天！

欣赏秋天

上海分校　邬沛妍　指导老师：周爽

愉快的秋天满目耀眼的金黄，而我欣赏秋天的正是这耀眼的金黄。

我去农场游玩时，看见金黄的麦穗在风中摇摆，好像是一片金色的海洋。有的农民伯伯正挥舞着镰刀跟麦子战斗；有的在开收割机，收割机庞大的身躯前面有滚轮把麦子碾得碎碎的；还有的正忙着把麦子放进机器的大嘴巴里。

麦田的远处是枫树林，枫树的叶子都红了，像是红色的夕阳，在阳光照耀下闪着点点的亮光。一阵凉风吹过，枫叶和其他树叶纷纷落下，打着旋儿，像是小精灵落地，堆成五彩缤纷的树叶堆。

"停车坐爱枫林晚，霜叶红于二月花。"唐代诗人杜牧曾经写过这样的诗句。我也觉得秋天的美是其他季节不能比的。

四季在哪里

南通分校 吴薛元 指导老师：李文涛

春天在哪里，春天在哪里？

春天在那美丽的香雪海。

这里的梅花像美人，

这里的梅花翩翩起舞。

夏天在哪里，夏天在哪里？

夏天在那美丽的海南。

这里的沙滩像妈妈的手，

这里的沙滩抚摩着人们的脚。

秋天在哪里，秋天在哪里？

秋天在那美丽的田野。

这里的麦穗像小朋友，

这里的麦穗笑弯了腰。

冬天在哪里，冬天在哪里？

冬天在那美丽的哈尔滨。

这里的冰雕像水晶，

这里的冰雕跟我捉迷藏。

我最喜欢的季节

成都分校　贾舒然　指导老师：付真术

夏天的香味弥漫在荷花周围，这时青蛙醒来了，"呱呱呱"地为荷花唱起响亮的曲子。

小青蛙跳啊跳，来到田里吃蚊子，它似乎在想："这么多，我好像吃不完。"

它蹦蹦跳跳地来到小溪里，它说："我下次一定要拍照。"

它在清冽见底的小溪里游着，真的好舒服啊！

它看见美丽如仙女一般的荷花，好像在想："多么动人、多么耀眼的荷花啊，真想和它做朋友！"

它走呀走，看见一辆卖雪糕的小推车，上面写着"五块一根"的字样，真是一个可爱的小吃货！它很馋雪糕，看得直流口水。

小青蛙写日记时，小鱼儿也从美梦里醒来了，它梦到自己穿过了一朵朵花、一株株草、一片片树林……

夏天，这个美好的季节，整个世界都开心极了！

游赤水大瀑布

成都分校　李东诺　指导老师：席嘉敏

今天，我继续在赤水旅行，当地最出名的景点是赤水大瀑布。

我们一家人很早就出发了，先乘坐观光车向瀑布进发。车行驶在盘山路上，我吹着凉爽的山风，看着身旁的树林飞快地向后退去，仿佛自己已经飞了起来，像自由的小鸟一样。

下车后还没看见瀑布，就先听见了隆隆的水声，像打雷一样。我想这个瀑布得有多大，才有这么大的声音。越往前走，声音越大，而且天上开始飘起细雨，抬头一看，那不是天上的雨，而是瀑布的水汽。

绕过一片树林，大瀑布就出现在我的眼前。巨大的水流从几十米的高处落下，发出响亮的声音，激起的气流仿佛要把我吹走一般。我紧紧地牵着爸爸的手，走在湿滑的地面上，终于走到了瀑布面前。此时，我想起了李白的著名诗句："飞流直下三千尺，疑是银河落九天。"

这真是一个令人震撼的大瀑布啊！

春日风光无限好

成都分校　田蕾熙　指导老师：李美琳

如果你问我最喜欢哪个季节，我会毫不犹豫地回答："春天！"诗人孟浩然曾写过："春眠不觉晓，处处闻啼鸟。"可见春日的清晨到处都是万物复苏的景象。

春天，温暖的气息飘在天上、地下，小燕子穿着黑白相间的衣服，飞过一座座巍巍雄伟的高山，它听到了鸟儿动听的歌声，看到了树林里的小鸟在修建自己的新家，经过一条条清澈见底的小溪，看到柳树在照镜子，小鱼在水里自由自在地游泳。小燕子看到了花丛中五彩缤纷的小花向自己招手，闻到阵阵花香，这一切那么美丽！

我喜欢在春天去踏青、赏花。走进春天的公园里，放眼望去，春光多灿烂、多明媚啊！蓝天、白云，还有一片郁郁葱葱的草坪，草坪边的大树下，人们搭着天幕在露营，他们在一起聊天，一起享受美食。路边的小朋友们有的在放风筝，有的在骑自行车，还有的在嬉戏玩耍，我坐在草坪上沐浴着春风。

春日的风光可真美啊，我喜欢春天！

旅行

广州分校　一漪　指导老师：甘欣彤

我的书包轻又轻，

背着书包去旅行。

包里放着照相机，

拍下一路好风景。

哎哟哟，不好了，书包已经装满了。

去西北拍一拍，

拍什么？拍这里，

这里是莫高窟。

去西北必看的，

那就是《又见敦煌》。

去看丹霞地貌，

城市里面见不到。

茶卡湖、翡翠湖都是盐湖，

盐湖的风景特别美！

这也是西北必看的！

注意青海湖是咸水湖。

当然别忘大沙漠、

雅丹地貌魔鬼城。

欲知下次去哪里，

那要看下次假期，

你是不是想跟我一起去旅行？

花海

苏州分校　王力冉　指导老师：曹满

天气晴朗，阳光明媚，我们全家出游去赏花海。

花海里的花千姿百态，这边一片向日葵低垂着脑袋和身旁的小草聊着天，那边一簇抬起头来遥望天空，似乎在和太阳爷爷对话；菊花绽开了笑脸，沐浴着阳光与雨露；三叶草上开着金黄色的花朵；小雏菊散发出淡淡的幽香，引来无数蜜蜂在翩翩起舞……淡黄、深黄、金黄，交织在一起，汇成了一片金色的海洋。我和妹妹被花儿们深深地吸引了，时而扬起手臂让妈妈拍个照，时而弯腰凑过去闻闻，陶醉其中。

花的海洋，我将永远记住你！

秋天在哪里

南通分校　　汪奕彤　　指导老师：李文涛

秋天在哪里，秋天在哪里？

秋天在美丽的稻田里。

金黄的稻田像金色的毛毯，

沉甸甸的稻穗笑弯了腰。

秋天在哪里，秋天在哪里？

秋天在美丽的花园里。

五颜六色的花朵像可爱的孩子，

勤劳的蜜蜂哼着歌儿上班去了。

秋天在哪里，秋天在哪里？

秋天在美丽的果园里。

红红的苹果像一个个小灯笼，

香甜的橘子挺着大大的肚子。

我爱秋天，秋天真美啊！

自然博物 —— 美文佳作

云南大理

天津分校　　孙泽宇　　指导老师：刘琦

我去过热闹的天津，也见过繁华的北京，更体会过民风淳朴的陕北，但是让我印象最深刻的，还是"风花雪月"的云南大理。

来到云南，一定要到洱海旁感受独特的下关风，有时像怪兽在怒吼，有时像狮子在咆哮，有时像狼在嗥叫……下关风路过草坪，小草便低下了头；下关风路过一个大人，顽皮地拿走了他的帽子；下关风路过溪边，小溪便泛起了层层波纹。

云南大理除了下关风，还有什么呢？当然还有美丽的上关花呀！上关花非常漂亮，远远望去，一朵朵粉嫩嫩的上关花就像一个个亭亭玉立的姑娘，望着碧蓝的天空，沐浴在温暖的阳光下。走近上关花，有一股淡淡的清香，像极了蜂蜜水的甜味。数不清的上关花连成一片，好似花海一般。清风拂过，上关花随风摇曳，像极了粉红色的海浪，美丽极了。

洱海上悬挂的那一轮明月让我印象最为深刻。日落月升，一轮明月悬挂于幕布一般的天空中，温柔的月光洒落于洱海之上，在波光粼粼的水面上折射出清冷的光芒，好似银色的丝带，连接着水天一色的世界，美得让人目不转睛。随着夜幕降临，岸边陆陆续续燃起万家灯火，仿佛一盏盏指路明灯，指引着归家的渔船，为他们照亮了回家的路。

　　云南大理真是个好地方！这里不仅有独特的下关风，也有美丽的上关花，还有无瑕的明月。我爱大理！

书画靓影

②

Calligraphy and Painting Works

青岛分校　丁垚聿　指导老师：姜明月

北京分校　周祉晓　指导老师：宋笑安

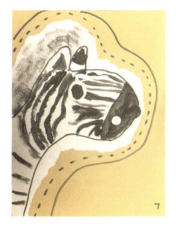

沈阳分校　崔依然　指导老师：陈傲

青岛分校　乔荣本　指导老师：姜明月

北京分校　徐悠然　指导老师：倪萍

青岛分校　任湫实　指导老师：姜明月

青岛分校　位沐阳　指导老师：姜明月

北京分校　吴艺清　指导老师：倪萍

宁波分校　果果　　指导老师：胡群

南通分校　徐梓轩　　指导老师：马国齐

青岛分校　胡津麾　　指导老师：张静

青岛分校　王宸霄　　指导老师：张静

青岛分校　杜心悦　指导老师：姜明月

成都分校　陈沐希　指导老师：李雪

上海分校　李成乐　指导老师：赵诗梦

成都分校　杨棣文　指导老师：李雪

上海分校　薇薇 Alice

广州分校　容梓茵　指导老师：李徽

苏州分校　董禄　指导老师：张晓茜

成都分校　张桐语　指导老师：叶凡

上海分校　赵沐容　指导老师：赵诗梦

成都分校　梁高睿　指导老师：李雪

北京分校　贾艺歆　指导老师：韩璐

佛山分校　英珈睿　指导老师：杨芳

北京分校　韩昕洋　指导老师：宋笑安

北京分校　全茉溪　指导老师：韩晴

疆土民风

感受我国不同地域的特色与习俗，培养孩子的家国情怀。

美文佳作 ①

Excellent Articles

走月亮

广州分校　张佳雨　指导老师：王灿艺

我看到了月光下的稻田像一块镀银的亮毯，稻穗低垂着头，就要丰收了。我仿佛闻到了稻谷的清香。夜晚的稻田里十分热闹，就像在开一场盛大的音乐派对。

黑白色的飞蛾在天空中自由地飞舞，就像夜晚的小精灵。泥土上的小蟋蟀在稻田里欢快地唱着优美的歌曲，就像一名歌唱家。五颜六色的小鲤鱼在稻田里尽情地游泳。小鲤鱼的游法多种多样，有的跃出水面，在空中翻跟头，有的在稻谷间自由穿来穿去，还有的在水里转圈圈，就像杂技演员一样厉害。穿着绿衣裳的青蛙王子在田里高声地唱歌。

在我的家乡，我同样看到了那明亮的月光、那美丽的月光。月光下，银白色的溪水汩汩地流着，远处的高山静静地睡着。高山上茂密的树林里传出夜鸟啪啪拍打翅膀的声音。

童足踏金陵

南京分校　赖芊睿　指导老师：于黎秋阳

在一个明媚的春日，我跟随妈妈的脚步走入了金陵——那个传说中充满了故事的南京。城市里，高楼大厦与古老的楼房交错，我仿佛走进了一个大大的宝藏箱。在老门东，我看见了一块被岁月打磨的古老城砖。我轻轻触摸，好像可以听到它对我说起古老的故事。

沿着秦淮河，灯笼高高挂起，船上的叔叔阿姨唱着歌，让我想到了外婆家的摇篮曲。我好奇地问妈妈，他们为什么这么高兴？妈妈笑着告诉我，因为他们感受到了金陵的魅力。

走进一家小店，"店小二"给我推荐了一道金陵美食——鸭血粉丝汤。我吃了一口，满嘴都是幸福的味道，仿佛是外婆亲手做的糖水。妈妈说，这就是家的味道，金陵的味道。

夜幕降临，我们站在牛首山遥望远方。星星点点，像是天空里的糖果。我想，如果我是一只小鸟，我一定会在这里筑巢，因为这里有温暖的风和明亮的星。如果我是一朵云，我会停留在这上方，为金陵铺上一床柔软的

被子。如果我是一条鱼，我会在秦淮河里畅游，感受古都的历史和文化。

遇见，真的是一件很神奇的事。我遇见了金陵，也遇见了一个全新的我。金陵，谢谢你，让我知道了生活其实就是一个个小小的遇见。妈妈在电脑旁全神贯注地写着文案："万籁此俱寂，唯闻打字声。"

书画靓影

②

Calligraphy and Painting Works

南京分校　徐子懿　指导老师：胡瑾

青岛分校　陈泉西　指导老师：姜明月

成都分校　张慕为　指导老师：叶凡

南京分校　李谨希　指导老师：方俊淋

北京分校　王梓烨　指导老师：褚天悦

文明宝藏

了解文物与宝藏背后的人物、历史故事，感受文化的价值。

书画靓影

Calligraphy and Painting Works

天曜祖国 不負韶华
癸卯春月 管沐泽书

南京分校　管沐泽

北京分校　钱昱博　指导老师：倪萍

天津分校　董津铭　指导老师：李欣蕊

北京分校　宋叶蓁　指导老师：倪萍

青岛分校　袁晟贺　指导老师：张静

北京分校　王钧羽　指导老师：刘姝彤

上海分校　张一铭　指导老师：陈灵婷

苏州分校　薛盛哲　指导老师：张晓茜

济南分校　伊钰萱　指导老师：李晓晨

济南分校　张书涵　指导老师：李永磊

济南分校　田泽贤　指导老师：李晓晨

时代强音

紧跟时代潮流与发展，
见证科技发展和时代巨变。

美文佳作

1

Excellent Articles

做时代的强者，爱拼才会赢

青岛分校　李芊颖　指导老师：张静

我的梦想是当一名科学家，向杨振宁博士、钱学森博士等学习，用先进的知识和科技，为国家做出贡献。我想研究出更先进的设备，带领中国飞向宇宙！

　　我问过妈妈，怎样才能成为一名科学家？妈妈告诉我，爱拼才会赢。奥运会上，我记得谷爱凌说过："我进入任何一个比赛，都必须有可赢的希望。"谷爱凌在北京冬奥会自由式滑雪女子大跳台上决赛阶段的表现，诠释了她的信条。要想拿到金牌，首先就要做到自己的最好，这就是拼搏精神的最好体现。因为这种求胜精神和拼搏精神，我们才看到一个曾经屡败屡战、又屡战屡胜的谷爱凌。我们才能看到国家各行各业的人才精英，走在世界的前端，为国家的进步和人类的文明屡创辉煌。

不畏艰辛，努力付出，不畏眼前成败，只管努力。所谓的优秀，不过是厚积而薄发。谷爱凌有天赋，但是她的奖牌更多的是靠努力和汗水换来的。多少次跌倒又爬起，甚至因为一次脑震荡，一段时间内她失去了记忆。而任何打击和困难都没有阻碍得了她前进的脚步，没有动摇她要赢要拼搏的决心，她曾说："天赋最多只占1%，我的奖牌99%源于努力。我知道自己付出了多少，我看到我的努力有了收获。"同样意思的话，华罗庚先生也说过。我想，这就是实现梦想的真谛。通

往成功的道路上铺满荆棘，只有付出才能让你自信从容地走过。

从这些强者的身上，我看到了中国的文化自信和民族自强。这是最好的时代，是拼搏的时代，我们要做时代的强者，跟随国家的崛起，自强不息，拼搏不止！

老街里，新街里

青岛分校　　田乐媗　　指导老师：郭悦琳

"一二一，上街里，买书包，买铅笔，到了学校考第一，考第一……"形成于1898年的中山路，被老青岛人亲切地叫作"街里"。经历百年岁月，中山路伴随青岛一路成长。它见证了孙中山、老舍曾在这里书生意气，各类商业曾在这里兴衰发展，但它更是一代代勤劳智慧的青岛人在这里拼搏奋斗的缩影。

如今，城市的更新打开了"街里"回归的大门，马路的拓宽、老里院的修复、停车场的修建，百年老城区再次"活"与"火"起来。

文化认同是民族团结之根，相信青岛老城区会变得更有活力、更加红火，让更多青岛人有归属感、幸福感，让中国见证青岛的发展。

书画靓影 ②

Calligraphy and Painting Works

重庆分校　曾琳淋　指导老师：何菊

南京分校　缪乙源　指导老师：胡瑾

北京分校　荆炳恺　指导老师：倪萍

上海分校　杨屹　指导老师：谢泓钰

青岛分校　丁允恒

青岛分校　刘欣然　指导老师：姜明月

广州分校　刘泓　指导老师：康剑惠

文史鉴赏

通过知人论世、赏析作品，
提升孩子的文学素养。

美文佳作

Excellent Articles

我的归乡之路

北京分校　刘哲铭　指导老师：张龙

我做了一个奇怪的梦，梦见自己变成了一匹马。

自从前年我去了西安碑林博物馆，看见了昭陵六骏，我就被它们迷住了。这六匹马可不是一般的马，它们是唐太宗李世民的坐骑呀！它们陪伴李世民开拓了大唐江山，在战场上英勇杀敌，为开疆拓土牺牲了自己的生命。我回来之后，就对它们念念不忘，有一天晚上，我竟然梦见自己变成了飒露紫！

我的名字可有讲究了，"飒露"是突厥语，这可是太宗专门给我起的呢！意思就是"勇健者"。记得当年的虎牢关战役，战斗非常激烈，我主人的手下都被冲散了，只有我保护着主人，虽然我胸口中箭，但我并没有倒下，而是驮着主人突出重围，让主人安全回到了营地，当将领丘行恭准备为我疗伤的时候，刚刚拔出我胸口的箭，我就疼得没有知觉了，最终，我永远离开了我的主人。